소리 · 하나

지식과 지혜

말한이 활성 | 엮은이 김용호

고요한소리

일러두기

1990년 11월 10일 부산 〈고요한소리〉에서 하신 말씀을 중심으로 김용호가 엮어 정리하고, 이유미(불교철학 박사)가 주석을 달았다.

29년의 장고長考 끝에

　부처님 가르침의 본래 모습을 가감 없이 드러내 이 땅에 전해보자는 뜻을 내걸고 〈고요한소리〉가 태어난 지도 어느새 30년이 다 되어갑니다. 길다면 길고 짧다면 짧은 세월입니다.

　활성 스님의 뜻을 함께하며 보낸 세월을 돌아보면서, 인류의 위대한 스승, 부처님 그분의 가르침을 원래 모습 그대로, 원음 그대로 되살리는 일이 결코 쉽지 않음을 새삼 깨닫습니다. 공간적으로는 저 머나먼 히말라야 설산 언저리 어느 마을에 살았던 고독한 수행자의 생각을 그대로 되살리는 일이고 시간적으로는 2500여 년 전, 글도 없던 시대에 그 수행자가 남긴 가르침을 오늘의 의식 구조에 맞게 언어화하는 일이기에 그러할 수밖에 없을 것입니다.

　스님 말씀대로, 오늘날 현실을 살펴보면 긴 세월의 풍파 속에 살아남은 불교는 가지각색 언어적, 사상적 덧칠에 가려져, 생로병사의 원인인 고苦를 해결하자는 부처님의 실질적 가르침과는 달리 공허한 종교로 변질되거나 희론戱論적 사유의 대상으로 바뀐 점이 없지 않습니다. 따라서 선지식의 안내가 없이는 본질을 놓칠 수밖에 없는 부분이 많습니다. 이와 같은 상황 속에서 가시적 결실이 좀 더 빨리 나오길 기대하는 주변의 성화가 없는 것도 아니었습니다. 그래도 우리는 나름대로 황소걸음을 걸어왔습니다. 부처님이 찾으신 깨달음의 내용이 무엇이었나를 천착하고, 이 시대에도 그분의 가르침이

과연 참일 수 있는지를 진실하게 고뇌하는 시간이었습니다.

법회 때마다 스님께서 간곡하게 전하신 소식은, 시간의 흐름에 쫓기지 말자, 아니 시간을 거꾸로 타면서라도 정확한 가르침을 알아보자는 것이었습니다. 그리고 우리 한 사람 한 사람의 일상의 삶이 무의미한 시간 낭비가 아니라는 것과 귀중한 향상의 기회임을 깨달아야 한다는 것, 그리하여 해탈과 열반이 바로 나를 위한 소식임을 체득할 때까지 충분히 기다려야 한다는 말씀이었습니다.

그래도 모든 일은 때가 있어 드디어 주변의 관심 있는 이들이 반겨줄 열매를 수확하기에 이르렀습니다. 스님의 말씀이 활자화되어 우리 손에 쥐어지게 된 것입니다.

그동안 〈고요한소리〉가 정성껏 펴내온 책은 주로 스리랑카 불자출판협회Buddhist Publication Society의 간행물을 번역한 것으로서, 근본불교의 원형을 나름대로 전달하려고 한 출판물입니다. 하지만 숨 막히는 한국의 현실 속에서 온갖 양태의 고를 겪으며 생존해야 하는 현대인들에게는 진리에 대한 목마름을 해소해 줄 우리에게 맞는 가르침이 절실히 필요했습니다. 그런 점에서 정치, 경제, 문화, 역사, 예술 등 여러 분야에서 인생 해법의 오묘한 부처님의 이치를 풀어주시고 탁월한 해석을 내리시는 스님의 법문은 가뭄 속의 단비 같았습니다.

그러나 어쩌다 한 번씩 열리는 법회에서나 들을 수

있고 그나마 참석하지 못하는 회원들은 그 귀중한 말씀을 듣지도 못하고 들었다 해도 반추할 기회가 주어지지 않아 너무나 안타까웠습니다.

하지만 이 조그만 책이 나오기까지는 어려움 또한 적지 않았습니다. 부처님의 진리를 전하는 데 그릇됨을 범하지 않으려 하시는 스님의 엄중한 자세도 있었고, 이곳저곳에서 열렸던 법회의 법문을 녹취하여 책으로 내기까지의 과정도 수월한 일은 아니었습니다.

이제 회원들의 손에 쥐어질 작은 책자에 실린 주옥같은 법문들을 읽으면서, 29년 전 첫 모임을 가졌던 어느 봄날의 감동을 다시금 느껴봅니다. 힘들고 긴 시간을 견디며 헌신적으로 노력해주신 여러 회원님들께 깊이 머리 숙여 감사드립니다.

　스님을 위시하여 〈고요한소리〉 회원님들, 인연 있는 모든 분의 평안을 기원합니다.

불기 2559년 가을에

사단법인 고요한소리 명예회장

한기호

차 례

여러분이 불교에 대해 오히려 저보다 더 많이 아실 수 있습니다. 책도 더 많이 보셨을 수 있고요. 저는 될 수 있는 대로 책을 안 봅니다. 다만 부처님 말씀의 핵심을 이해하기 위해서 근본경전을 조금씩 볼 뿐입니다. 조금 읽고 많이 곱씹는 편입니다. 문장을 하나 읽으면 그것을 화두 삼아 며칠이고 몇 달이고, 어떤 경우는 몇 년을 두고 생각하는데, 그런데도 아직까지 풀리지 않는 문제들이 허다합니다. 그러니 많이 읽을 수도 없습니다. 많이 읽으면 나 자신이 감당하지 못해서 머리가 아프고 마음의 부담이 커지기 때문입니다. 조금 읽되 많이 생각하고, 그러다가 피곤해지면 그냥 생각마저 놓아버립니다. 그러고는 앉아 정진하면서 은연히 그 문제의식을 가꾼다 할까, 끌어안고 키운다 할까,

또는 찌거나 삶고 있다 할까 그러고 있습니다.

그렇게 많이 읽지 않아서 그런지는 모르지만, 저는 부처님 가르침이 학자들이 설명하듯이 그렇게 복잡다단한 것이라 생각하지 않습니다. 부처님이 학자도 아니었을 뿐더러 학자를 양산하려고 45년간 법문을 하셨다고는 생각하지 않습니다. 부처님 가르침을 그렇게 복잡하게 헤아리는 노력은 애당초 불교와는 관계가 없지 않을까 싶습니다.

여러분은 한국이라는 불교 전통이 유구한 사회에 태어났기 때문에 불교에 관해서 생래적으로 많이 안다고 할 수 있어요. 한국에 태어날 때는 금생뿐 아니라 전생부터 한국과 인연이 많았겠지요. 어떤 때는 유학자가 되어 탄압하는 입장에서 불교를 대했을 수도 있고, 과거 어느 생에서는 불교인이 되어서 적극 옹호하는 입장에서 불교를 접하기도 했겠지요. 그렇게 불교를 접해온 인연이 있고, 금생에도 불교의 영향이 큰 사회에서 살아왔기에 여러분의 불교적 소양은 대단히 풍부

할 것입니다. 그런데 특히 처사님들이 불교를 접하는 길은 대개 몇 가지로 정해져 있습니다. 우선 불교를 접하면서부터 책을 많이 읽습니다. 그리고 학교에서 배운 사고방식을 적용해서 논리 정연하게 정리하다 보니 불교에 대해서 상당히 해박합니다. 그런 분들에게 제가 더 보태드릴 말이 없습니다. 또 어떤 분들은 서둘러 결론을 내리고는 자기 나름대로 정진만 열심히 합니다. 그러다가는 어느 날 '한 소식을 했다'며 찾아와서는, 그 한 소식한 양을 재보려고—거량擧量이라고 하지요— 덤벼듭니다. 그런 분들에게도 별로 할 말이 없습니다. 왜냐하면 그분들 중에는 자신이 부처의 경지를 이미 넘어섰다고 믿는 사람도 있기 때문입니다. 그분들 눈에 저는 그저 부처님 졸개로 보이겠지요. 중이란 자가 겨우 부처 졸개인 처지에서 뭘 안다고? 이럴 때 저는 아무 말도 안 하지요.

이럴 정도로 불교적인 분위기가 짙게 깔려 있는 게 한국사회입니다. 이런 환경에서 자라왔기 때문에 여러

13

분은 어떤 형태로든 불교에 대한 선입견을 가지고 있을 수 있습니다. 그래서 저는 불교에 관한 지식을 하나 더 보태드리기보다는 여러분이 가지고 있는 풍부한 자료의 방향을 약간 정리한다든가, 지나치게 다양한 지식 때문에 혼란스러운 머릿속을 조금 교통정리를 하는 데 도움을 줄 뿐입니다. 그것도 쉬운 일이 아니에요. 승복 하나 걸쳤다는 것에 의지해서 말을 해보겠습니다.

안다는 것

결국은 '안다는 것'이 무엇이냐, 나아가 '바르게 안다는 것'이 무엇이냐는 문제입니다. 그것이 오늘 얘기할 지식과 지혜에 직접 연결되어 있습니다.

출가자는 평생에 걸쳐 팔정도八正道와 십이연기十二緣起를 참구합니다. 그런데 '팔정도와 십이연기는 아는데, 공부가 안되었다.'고들 합니다. 이 말은 그 자체가 모순입니다. 그것은 아는 것이 아니라 그냥 정보를 기억 속에 간직한 것입니다. 컴퓨터에 어떤 정보를 넣었다고 해서 컴퓨터가 그 내용을 압니까? 아니거든요. 우리도 경을 무수히 읽고 팔정도와 십이연기를 달달 외우지만 막상은 모릅니다. 그러니 공부가 안 되었고, 공부가 안되었으니까 해탈·열반을 이루지 못하는 것입니다. '잘 안다, 다만 수행이 부족하다.'는 식의 말은 아직 잘 모른다는 뜻입니다. 해탈·열반을 이루지 못하고 있다는 것이 잘 모른다는 증거인 셈이지요.

불교에서는 앎에 대해 깊이 관심을 기울입니다. 앎과 연관된 용어만 해도 여러 가지가 있습니다. 산냐*saññā*, 윈냐아나*viññāṇa*, 빤냐*paññā*, 냐아나*ñāṇa*, 아빈냐*abhiññā*, 빠린냐*pariññā*, 안냐*aññā*, 윗쟈*vijjā*, 아알로까*āloka*, 아눅다라삼먁삼보리*anuttarasammāsambodhi*… 이렇듯 여러 용어들이 있는데, 모두 '안다'는 한마디에 가서 닿습니다. 부처님께서 앎과 연관하여 여러 용어를 사용하실 때는 앎이 얼마나 다양한 갈래로 나뉘고 또 그 깊이가 얼마나 다른가, 우리에게 주는 효능과 결실이 얼마나 다른가, 그리고 결정적으로 앎이 얼마나 중요한가를 강조하신 것입니다.

그러나 그 모든 앎에 대한 말씀도, 결국은 갈애를 멸하는 것을 목표로 한다는 점에서는 같습니다. 불교는 존재에 대한 갈애tanhā를 멸하고 남김없이 뿌리째 뽑아내는 것, 그것을 위한 시설施設입니다. 우리가 부처님의 말씀을 들을 때 항상 염두에 두어야 할 점은 '부처님은 실천가'라는 사실입니다. 부처님은 교리를 가르친 공리공론가가 아닙니다.

이러한 관점에서 우리는 자신의 공부를 되돌아봐야겠습니다. 저는 그동안 기회가 닿는 대로 팔정도가 무엇이다, 사성제가 무엇이다, 불교의 중심교리는 어떤 것이다 하는 이야기를 줄곧 해왔습니다. 듣는 이들은 어쩌다 한 번씩 접하는 골치 아픈 개념들을 노트에 적고는 머리 싸매고 외우곤 합니다. 마치 학교에서 암기식으로 공부하던 버릇을 다시금 되풀이하는 게 아닌가

싶기도 합니다. 즉, 끝없이 나오는 불교의 개념들을 소개하고, 또 그걸 이해하려고 노력하는 과정만 되풀이된 감이 있습니다.

이제는 그와 같은 공부 방식에 대해 한번 반성하면서 앞으로 좀 더 깊이 있는 공부를 기약해야겠다는 생각이 듭니다. 어린아이가 걸음마 단계를 넘어서면 제법 쫓아다니기도 하고 뛰어다니기도 하면서 혼자서 움직이죠? 마찬가지로 여태까지는 처음 듣는 생소한 불교 개념들, 불교만이 이야기하는 특수한 이론체계들을 이해하려는 일종의 정보수집이자 지식획득의 수준에서 노력해왔다면, 앞으로는 공부의 수준을 한 단계 높이는 노력이 필요하겠습니다.

예를 들면, 팔정도의 여덟 항목이 있는데 '그 뜻은 이러이러한 것이다.' 하고 책을 통해서 읽고, 가끔씩 앉아서 생각해보기도 하고, 또 참선하면서 마음을 가다듬어 되씹곤 할 겁니다. 지혜가 밝고 전생에 공부한 업연業緣이 진하게 남아 있는 분들은 그런 과정을 통해

17

서 팔정도에 대한 개념적 이해의 차원을 넘어서 좀 더 깊은 묘미를 스스로 체험하거나 터득하기도 하겠지요. 이처럼 개념 이해의 차원을 넘어 그 뜻을 체험하거나 터득하는 차원으로 공부의 수준이 달라질 수 있다는 것입니다.

머릿속에서 지식으로 존재하는 그 개념들을 어떻게 하면 나의 구체적인 실천으로 전환시킬 수 있느냐, 이 문제가 핵심입니다. 이는 여러분뿐 아니라 수행자라면 누구나 부딪히는 문제입니다. 이것이 바로 앎을 지식의 차원에서 지혜의 차원으로 높이는 과제입니다.

'나는 안다'가 아니다

우리에게 어떤 개념이 와 닿아 머릿속에 자리하지만 실천은 개념과는 다른 차원의 문제로서, 그 개념을 삶으로 전환시키는 데 상당한 거리가 있다는 것 자체가 인간이 지닌 특유의 문제입니다. 왜 우리는 지식과 삶을, 지식과 지혜를 같은 것으로 누리지 못하고 항상 구분해서 접하게 되느냐 하는 문제입니다.

왜 사람은 무엇을 접하면 진리니 현상이니 구분하면서 있는 그대로를 바로 알 수 없는 것일까? 왜 이 같은 딜레마를 안고 있을까? 이게 우연이 아닙니다. 왜 우연이 아닌지를 부처님께서는 연기법으로 설명하십니다.

우리는 보통 '누가 무엇을 이해한다.'고 이야기합니다. 이것이 우리가 사고하는 방식입니다. '내가 오늘 법회에서 무엇을 듣고 무엇을 알았다.' 이런 식으로 생각하지요. 그런데 그런 식의 사고는 대단히 피상적이고 관념적입니다. 그렇게 사고하는 방식이 문제 해결에 도움을 주는 게 아니라 오히려 문제를 더 어렵게 만듭니다.

그런 사고방식과는 달리 불교에서는 '어떤 현상이 일어나고 계속 전개된다.'고 봅니다. 그 전개도 그냥 제멋대로 흘러가는 게 아니라 '반드시 앞의 것이 다음 것을 규정짓고, 그 다음 것은 그 앞의 것의 규정에 근거해서 일어난다.'는 것입니다. 이러한 일련의 현상들을 불교용어로 '연기緣起적 전개'라고 하지요. 즉 '내가 무엇을 듣고 무엇을 이해하는' 것이 아닙니다. '나'라는 인식의 주체가 있어서 무엇을 이해하고 무엇을 오해하는 것이 아닙니다. 모든 사물이나 현상을 불교용어로 법法이라 하는데, 법들이 연기적으로 전개될 뿐이지요. 예를 들어 어떤 정보가 발생하면 그 정보에 식識이 접촉해서 이해라는 현상이 일어나고, 그 이해라는 현상을 계기로 해서 더 깊은 반성이라는 또 하나의 법이 일어나고, 그 반성이라는 법을 계기로 해서 더 깊은 숙고라는 법이 일어나고, 숙고라는 법을 계기로 해서 더 깊은 이해라는 현상이 일어나는 식으로 전개가 벌어지고 있습니다. 바로 그것을 알아차려야 한다는 것입니다.

　이것은 인식을 어떻게 바라보느냐의 문제이지요. 이

에 대해서는 몇 천 년 동안 내려온 우리의 상식이 있는데, 제가 편의상 결론부터 말하다 보니 우리의 관습적 사고에 반하는 엄청난 이야기를 하고 있습니다. 인식에 대한 인식의 대전환이라고 할 수도 있겠습니다.

연기緣起로 본 지식

우리의 지식은 십이연기에서는 '식識'으로 설명되고 있습니다. '무명無明이 있으면 행行이 있고, 행이 있으면 식識이 있고, 식이 있으면 명색名色이 있다. 그래서 육입六入, 촉觸, 수受, 애愛, 취取, 유有, 생生, 노사老死로 전개된다.' 여기서 오늘 주제와 연관해서 특별히 관심을 가져야 할 것은 앞부분입니다. 특히 식과 명색의 문제입니다.

우리가 보고 아는 세계는 명색뿐입니다. 명색은 삼라만상의 현상입니다. 하지만 그것이 불변의 진실된 실체는 아니지요. 명색이 불변의 진실된 실체가 아님에도 식은 명색을 대상으로 할 뿐, 명색 이상을 대상으로 하여 알지는 못한다는 한계성을 갖습니다. 그 한계를 낳는 조건이 무명이요 행이고, 그 결과가 십이연기의 단계로 전개되는 과정입니다.

그렇다면 이 과정의 핵심인 식識은 무엇인가? 보통 사전이나 교과서에서는 식을 '분별하는 능력', '분별해서 아는 능력' 또는 '육입六入을 통해서 대상을 알아차리는 지적 능력'이라고 해설합니다. 한문에서의 식識은 '안다'는 뜻인데 대단히 긍정적인 좋은 의미지요.

그런 좋은 의미의 식識이라면 왜 십이연기에 들어가느냐? 십이연기는 고苦가 발생하는 과정을 설명하는데, 여기서 '안다'는 의미의 식은 십이연기가 말하려는 바와 서로 맥락이 다릅니다. 차라리 빠알리 원어대로 식識을 '윈냐아나viññāṇa'라고 음역했다면 '아, 이게 뭔가?' 하고 선입견 없이 접근할 텐데, '앎'이란 뜻의 '식'자로 번역해놓으니 십이연기 문맥 속에서 도대체 맞지가 않는다는 말이에요. 무명이 있으면 행이 있고, 행이 있으면 앎이 있다고? 이것은 말이 안 되지요.

그러면 '분별지'라고 하면 어떨까요? 어떤 면에서 원뜻에 가장 가까운 개념 같습니다. 그런데 한편으로 분별지라 하면 '분별하는 지혜'라는 뜻이 되므로 이것은 무척 긍정적인 의미입니다. 물론 식이 좋다 나쁘다의 평가 차원에서 다룰 문제는 아니지만, 윈냐아나를 '지혜'라고 하면 또 다른 오해의 소지가 남습니다.

식識은 '윈냐아나'입니다. 이 단어 속의 '냐아나ñāṇa'는 '앎'이라는 뜻입니다. 앞서 '냐아나'와 관련 있는 말의 예를 많이 들었듯이, 빠알리어에서 앎을 표현하는 가장 보편적 용어가 바로 '냐아나'입니다. 그런데 이 '냐아나' 앞에 어떤 접두어가 붙느냐에 따라 그 말의 뉘앙스가 상당히 달라집니다.

빠알리어에서 접두사 '위vi'와 '상saṁ'이 아주 많이 쓰입니다. 그런데 이 둘은 뜻이 완전히 상반됩니다. 상saṁ은 '결합'이라는 뜻으로, 말하자면 서로 어울리고

들러붙는, 모여서 짝짜꿍하는 형국입니다. 반면 '위 _vi_'
는 '분리'라는 뜻인데 이는 '위 _vi_'는 떨어짐만이 아니라
서로 멀어짐, 탈락함, 그리고 구분함까지도 함축하고
있습니다. 떨어지니까 구분되는 것이지요. 결국 윈냐
아나는 쪼개어 분리해서 안다, 차이에 의해서 안다는
뜻으로 이해할 수 있겠지요.

이 '윈냐아나'란 말은 대단히 부정적인 시각에서 쓰
이고 있습니다. 말하자면 제발 없애야 할 텐데, 없어
졌으면 좋겠는데 요것 때문에 내가 고에서 헤어나지
못한다 하는 뉘앙스로 쓰이는 말입니다. 이것이 한문
번역에서 식이 되면서 말이 풍기는 인상이 거의 상반
되는 쪽으로 바뀐 감이 있습니다. '윈냐아나'는 분명히
거부감을 일으키는 말인데, '식'이라고 하니 긍정적인
반응을 유발할 수 있게 되는 것입니다.

불교에서 식識은 우리가 마땅히 멸해야 할 대상으로
서1 헤어나고 벗어나야 할 것으로 쓰이고 있습니다.
식뿐만 아니라 십이연기 열두 용어가 다 그렇습니다.

《숫따니빠아따》 3장 〈대품大品〉 중 제일 마지막에 〈두 가지 수관隨觀 경〉[2]이 있는데, 여기서 부처님은 십이연기의 몇 항목에 또 몇 가지를 더하여 '이것들이 없어져야 하고 그로부터 우리가 기어이 해방되어야 한다.'는 점을 누누이 말씀하십니다. 왜냐하면 연기의 각 항목들이 차례차례 서로 모여들어 빚어지는 것이 바로 고의 현장이고 고의 세계이기 때문입니다. 반면 이 연기의 각 항목들이 흩어지고 약해져서 소멸되면 그게 바로 해탈의 소식입니다.

물방울의 아我·타他 인식

저는 조심스럽게 식識을 이렇게 비유해보겠습니다. 바다에 바람이 불면서 파도가 치면 물방울이 튑니다. 그 물방울이 바닷물로부터 떨어져 나온 순간 전체 바닷물과 떨어진 '하나의 물방울'이라는 분리 현상이 발생합니다. 이 물방울과 전체 바닷물 사이에는 큰 차이가 없어요. 바닷물은 물방울이 나온 곳이고 나중에 다시 돌아갈 곳이니까 둘 사이의 관계에서는 큰 문제가 없습니다.

그러나 물방울이 하나만 튀어나오는 게 아닙니다. 비슷한 물방울들이 숱하게 튀어 오르겠지요. 이 물방울이 튀고 저 물방울이 튀는데, 이렇게 같이 튕겨져 나온 물방울들끼리의 관계가 문제입니다. 같이 튕겨져 나온 물방울들 간에는 '나와 너'라는 인식의 태도가 형성됩니다. 이것이 식識입니다.

그런데 이 식이 무명의 권속이라는 점을 분명히 할 필요가 있습니다. 거대한 바닷물의 작은 일부에 불과하고 결국은 다시 바닷물에 합쳐질 것을 아我와 타他로 구분하니, 사물을 보는 눈이 항상 피상적일 수밖에 없습니다. 식이 가는 데는 으레 그 그늘에 '나'가 따라붙습니다. '나'가 따라가니까 '너'가 있어요. 아我와 타他의 구분, 이것이 식의 근성입니다. 이처럼 피상적으로 아와 타를 나누고, 모든 것을 자기를 중심으로 한 이 편과 저편으로 분리시켜 '윈냐아나[識]'합니다. 대상을 분리시켜서 이해하는 것이지요. 사물을 일체로 이해하는 게 아니라, 남으로 분리시키고 객체화하여 이해하고 아는 것입니다.

'나와 너'로 인식하면 사단이 벌어집니다. 물방울이 그렇게 따로 따로 떨어지는 것은 행行에 의한 것인데, 그렇게 떨어져 나온 놈들끼리 부딪치기도 하고, 좋은 관계 혹은 불편한 관계를 맺는 게 사단이지요. 일단 사단이 벌어지면 그것을 교통정리하기 위해 어떤 일반성이나 규칙성, 혹은 확률성으로 문제를 정리하는데, 그것이 식이 하는 일입니다. 그것도 나름의 질서인데, 그질서를 부여하는 것이 식입니다.

단순히 '아는' 것이 아니라 '나름의 질서를 부여해서 안다.'는 얘기입니다. 예를 들면 컴퓨터도 무엇인가를 아는 작업을 해냅니다. 하지만 컴퓨터가 능동적으로 알아서 하는 것이 아니지요. 거기에는 프로세스의 전개만 있을 뿐입니다. 그럼에도 컴퓨터 속에서 충분히 앎이라고 부를 수 있는 어떤 현상이 벌어집니다. 심지어는 인공두뇌까지도 나올 수 있다고 합니다. 그러니까 기계도 아주 초보적인 단계의 식 활동을 하는 것이지요.

컴퓨터는 단순하게 0과 1을 처리하는데, 그 0과 1이 무질서 속에 있을 때는 카오스이고 혼돈이지요. 하지만 거기에 어떤 질서가 부여되면서 앎이 발생할 때, 그것을 식이라고 할 수 있겠지요. '누가 무엇인가를 안다'는 현상의 배후에서는 식이 나와 너를 구분하는 프로세스가 벌어지고, 혼돈이 아닌 어떤 확률성과 개연성이 결합되어 앎이 일어나는 과정이 진행됩니다.

이렇게 식을 이해한다면, 식은 교통정리의 식 혹은 질서유지의 식이 되겠지요. 그런데 이 질서라는 것도 그 변화가 끝이 없습니다. 한쪽으로는 기존 질서가 끝없이 깨어져 나가고, 다른 한쪽으로는 어떤 습성이 강화되면서 새 질서가 만들어지겠지요. 이런 두 가지 추세가 다 질서일 수 있고, 그런 질서가 모두 식의 활동

에 포함된다고 하겠습니다. 이와 같은 식이 나름의 질
서를 부여하는 대상이 명색입니다.

명색, 식의 대상

부처님은 식의 질서에 부응해서 나타나는 연기 현상
이 명색이라고 말씀하셨습니다. 그러면 명색은 무엇인
가? 식이 앎의 질서를 형성해낼 때, 그 알게 되는 대
상이 명과 색입니다. 명색에 대해서는 여러 가지 해석
이 있습니다. 명색을 개체라고 이해하여 정신성과 물
질성을 구족한 활동하는 개체, 즉 개인으로서의 인간
을 명색이라 보는 견해도 있습니다. 그런 개념에 대한
복잡한 논의는 이 자리에서는 일단 보류해 둡시다.

명색은 '나아마 루우빠nāma-rūpa'니까 이름과 물질
이지요. 영어로는 정신성-물질성mentality-materiality
으로 번역합니다. 명名-색色, 즉 정신세계-물질세계는

경험의 주체와 그 경험 환경을 조성합니다.

명색을 이해할 때 핵심은 명과 색이라는 그 둘이 실체가 아니라는 점입니다. 실체가 아닌 것에 우리가 붙인 이름이 명이고, 실체가 아닌 것을 감각적으로 인식할 때 나타나는 차이가 색입니다. 색은 차이에서 발생합니다. 붉은 색은 흰색과의 차이 때문에 '붉다'는 이름이 붙고 또 '붉다'고 인식하는 것입니다. 차이가 있으므로 색이지요. 차이의 정도가 미미할 때는 인식도 못하다가 차이가 두드러지게 나타나면 인식이 이루어집니다. 차이 때문에 색깔을 알고, 형상을 알고, 움직임의 형태를 지각하게 되는 것이 색이라면, 그 차이에 붙여지는 이름이 명인 것이지요.

앞서 언급한 《숫따니빠아따》〈대품大品〉마지막 경에는 부처님이 연기를 설하시는 내용이 나옵니다. 여기서 명색에 대해 이렇게 말씀하십니다. '명색은 모사담마mosadhamma다.' 모사담마란 가법假法, 위법僞法이란 뜻이니, 명색은 거짓 법이요 허위 법이라고 해석

30

할 수 있겠습니다. 명색은 진실이 아니고, 오로지 열반만이 진실이다.[3] 이렇듯 열반과 대칭되는 개념으로서 명색을 말씀하십니다.

명색에 대해 서양에서는 이른바 정신세계와 물질세계로 이해하지만, 연기법의 설명은 좀 다릅니다. 부처님은 식과 명색을 구별하시거든요. 명색의 명이라는 말로 정신세계를 덮어버리면 되겠는데, 식과 명을 또 구분하고 계십니다. 그게 불교가 세상을 이해하는 데 있어서 서양철학과 어떻게 다른가를 보여주는 아주 중요한 대목입니다. 서양 철학에서는 정신세계와 물질세계가 전부지요. 그런데 불교에서는 식을 별도로 세웁니다. '식이 있으면 명색이 있고, 명색이 있으면 식이 있다.' 그런데 '명색은 가법이요 위법이다.' 그러십니다.

연기법에 따르면 과거세에 지은 여러 행위들이 금생의 행으로 작용하여 금생의 식을 규정합니다. 이 금생의 식을 가지고 육처에 의해 접촉[觸], 느낌[受], 갈애[愛], 집착[取]이 일어나게 되는 것이 우리의 삶인데

'촉, 수, 애, 취'를 하는 대상은 명색이지요. 이렇듯 거짓 법이요 허위 법인 명색을 대상으로 하면서, 명색을 갈애하고 집착하면서, 명색에 갇혀 살고 있는 것이 중생의 삶입니다. 그 모두가 식에서 비롯된 것입니다.

명색을 대상으로 아는 것이 식이므로, 식은 그 이상은 모릅니다. 식은 명과 색의 한계에 매여서 그 범위 안에서만 무엇을 감지하고 인식하고 어떤 반응을 나타낼 뿐입니다. 식은 명색이라는 절대 한계 내에서만 사물에 질서를 부여할 뿐, 그 이상에 대해서는 알 수가 없어요. 식은 명과 색에 대해서만 인연이 있을 뿐, 명색이 아닌 세계에 대해서는 속수무책이에요. 이러한 한계성으로 식을 이해해야 합니다.

식은 명색밖에는 놀 대상이 없는 놈이니까, 식이 부딪치는 것은 언제나 명색이요, 명색이라는 차이의 세계입니다. 그래서 이놈은 분별을 벗어나지 못합니다. 분별의 대상도 온도의 차이나 재력의 차이처럼 현상세계의 차이일 뿐입니다. 현상적 차이의 세계에 매여 있는 식은 조금 더 미세한 차이를 찾아내어 구별하려고 노력할 뿐 그 이상을 넘어서지는 못합니다. 이것이 식이 지니는 기본적 한계성입니다.

결국 인간은 명색을 대상으로 놀고 있는 식의 전개 과정에서 벗어나지 못한 존재입니다. 인간도 그렇고, 동물도 그렇고, 이른바 중생계라는 것은 바로 식이 명색을 대상으로 하고 있는 놀음, 바로 그겁니다. 식은 명색을 대상으로 어떻게 노느냐? 바로 '육입六入을 통해서, 육경六境을 상대로 해서, 촉, 수, 애, 취를 하며 논다'는 겁니다. 이게 십이연기의 중간 과정입니다.

명색과 산냐想

결국 우리는 식이 거짓 법인 명색을 가지고 놀음하고 있는 존재입니다. 이 명색은 실체가 아니므로, 식 놀음은 실체가 아닌 현상을 가지고 노는 것이지요. 이것을 불교에서는 상想이라고 표현합니다. 빠알리어로 '산냐*sañña*'입니다. 산냐는 오온五蘊의 아주 중요한 요소이지요. 색色·수受·상想·행行·식識에서의 상이 바로 산냐입니다. 불교에서 세상을 설명하는 아주 창조적인 용어입니다.

부처님은 식과 상이라는 두 용어를 특별히 강조해서 오온에서 쓰고 있습니다. 식을 '우리가 음식을 맛보며 맵다, 쓰다, 시다, 달다를 아는 능력'[4]이라고 비유하십니다. 반면 상想은 '희다, 푸르다, 붉다 하고 아는 능력'[5]이라고 비유하여 두 용어를 비교하십니다.

희다, 붉다를 아는 능력과 쓰다, 맵다를 아는 능력이 어떻게 다른 것인가? 쓰고 맵고를 아는 것은 바로 체험적이고 사실적입니다. 그런 의미에서 식은 내 육신에 비쳐서 바로 알 수 있는 개인적이고 체험적이고 실제적인 앎입니다. 반면, 희다 붉다 푸르다 하고 아는 상은 명칭에 의한, 관념에 의한 앎입니다. 그것은 직관적인 앎이 아니라 중간에 한 단계 개입하는 요소가 있는데,

그 개입 요소를 요새 용어로 말하자면 문화적인 또는 사회문화적인 개입이라고 할 수 있습니다.

예를 들면 저것을 '붉다'라고 이름 지어놓고 '붉다' 하고 알 때는 붉음에 따른 여러 부수 관념들이 복합적으로 일어나게 됩니다. 그것은 문화권마다 차이가 있습니다. 문화적이고 사회적인 앎이 상에 내포된다는 뜻입니다. 상은 주관적인 앎도 아니고, 객관적인 앎도 아니고, 문화를 공유하는 집단의 성원들이 공통으로 갖는 문화적 주관성입니다. 식이 개별적 육신에 갇혀 있는 개개인이 느끼는 주관성이라면, 상은 어떤 문화권에서 공통으로 느끼는 집단적 주관성이라고 하겠습니다. 그런 점에서 식은 피부로 직접 느끼는 감각적 또는 실제적, 체험적으로 차이를 지각하는 보다 원천적인 능력입니다.

십이연기에서는 뭔가를 귀로 듣거나 눈으로 보는 촉觸을 하면 수受가 일어난다고 설명하는데, 이때 촉과 거의 동시에 일어나는 것이 '산냐'입니다. '산냐'는 반

드시 일어납니다. 오히려 수는 촉을 거쳐서만 일어나
지요.[6] 즉 촉이 없으면 수가 없는데, 산냐는 촉이 없어
도 일어난다는 것입니다.[7] 일단 이 말은 이해하기는
어렵겠지만, 산냐라는 것이 우리의 지각 행위에서 대
단히 중요한 역할을 한다는 것만 일단 알아둡시다.

산냐는 신기루

부처님은 산냐를 신기루에 비유하십니다. 신기루는
실제 존재하는 것은 아닌데 분명히 인식은 되지요. 저
는 신기루를 말로만 듣다가 TV에서 보았습니다. 카메
라에 찍혀서 TV에도 나오니까 분명 신기루는 시각적
현상이지요. 그러나 신기루는 실제로 존재하는 것은
아니라서 '존재한다'는 우리의 믿음을 배반하는 현상입
니다.

산냐가 왜 신기루에 비유되느냐? 신기루는 대단히

절박한 문제지요. 저녁노을처럼 그냥 있으나 없으나 관계없는 것이 아닙니다. 사막에서 길을 잃은 사람에게 오아시스는 생명이 걸린 문제입니다. 그런 오아시스가 눈앞에 나타났다 이겁니다. 지치고 굶주리고 목마르고 허기진 인생에 얼마나 반가운 일입니까. 쫓아갑니다. 가도 가도 신기루입니다. 그리고 오아시스는 안 나타나고 사라져버립니다. 바로 그 신기루에 비유되는 산냐가 인식의 정체입니다. 우리가 지금 인식하는 것이 헛것을 보고 신기루를 만들어 내고 있다는 겁니다. 그리고 그것이 저 앞에 있다고 주장하면서 '저기 가면 목을 축일 수 있다.'고 이야기를 하고 있는 겁니다.

식이 인식하는 일체가 산냐입니다.[8] 영어로는 퍼셉션perception이라고 번역합니다. 지각, 인식, 인지라는 뜻인데, 감각기관으로 들어온 정보를 통해 '무엇이다'라고 알아차리는 과정이죠. 객관적이고 과학적인 것처럼 보이는 지각마저도 부처님 눈에는 산냐입니다. 신기루를 보고 '실재한다'고 믿고 쫓아가게 만드는 게 바로 산냐입니다.

이 산냐가 더 잡다해지면서 지식의 체계를 갖추면 이데올로기가 됩니다. 우리는 숱한 사람들을 처형하고 협박한 동서 냉전의 시대를 경험했습니다. 그런데 고르바초프가 나타나더니 마르크스와 레닌이 주장하던 신기루가 깨졌습니다. 이데올로기가 얼마나 속절없는 헛꿈이었나를 적나라하고 압축적으로 보여주었습니다. 우리의 한 생애 안에서 무상無常과 고苦를 다 볼 수 있는 보석 같은 경험이었습니다.

사람들은 납치범이 설친다고 하면 '치안이 부재하다', '정치 탓이다'라고 합니다. 사회과학자들이 나와서 정연하게 얘기하지요. 산냐는 이런 식으로 자기를 속입니다. 거기에는 엄숙한 인과 관계와 이 세상의 불가피한 고苦의 현장이 있을 뿐인데, 이것을 '누구 탓'이라고 인식하며 신기루를 만드는 것입니다. 그래서 고가 더 깊어집니다.

이러한 세계를 살면서 우리는 산냐의 정체를, 덧없는 환상을 품고 꿈꾸기를 좋아하는 인간의 속성을, 그리고 그 속성의 원인을 올바르게 알아야 합니다. 그러려면 우리의 인식 태도부터 달라져야 합니다. 산냐가 단순한 환상가의 꿈이라면 얼마나 좋겠습니까. 가장 냉철하다는 과학자들마저도 인간 속 깊이 작동하는 산냐를 보여주는 장본인입니다. 과학 기술의 발전에 미래의 희망을 걸고 쫓아가는 사람들의 꿈이야말로 또 하나의 산냐입니다.

'뭐만 해결되면 문제는 끝이다, 누가 나오면 해결된다.' 하는 식으로 생각하는 것도 식의 한계성과 산냐놀음을 보여주는 어리숙한 모습이라는 것을 볼 줄 안다면, 우리는 속지 않는 법을 배우게 될 것입니다. 그러면 대중매체가 말하는 얄팍한 언어의 희롱에 속지 않을 것입니다. 우리는 문제를 더 깊이 인식할 것이고, 우리의 기대를 조절하는 법도 알게 될 것이고, 매스컴의 농간에 말려들어 희생당하는 일도 없어질 것입니

다. 나아가 우리의 한계성을 인지하고 극복하는 길도
알게 될 것입니다. 따라서 산냐를 벗어나는 것은 대단
히 현실적이고 절박한 문제입니다.

지식과 지혜

우리는 지금 식과 상의 놀음 때문에 지식 차원에 머
물고 있는 우리의 앎을 어떻게 하면 지혜의 차원으로
높일까를 강구하고 있습니다. 우선은 지식과 지혜의
관계에 대해서 바로 알 필요가 있습니다.

불교는 지혜의 종교입니다. 자비행을 강조하더라도
지혜가 중심이 되어 제자리를 잡아야 올바른 자비행도
할 수 있습니다. 지혜 없는 자비는 참 난처한 겁니다.
지혜가 온전하게 성숙해야 하는데, 이 지혜라는 것이
무엇인지 알기가 쉽지는 않지요. 하지만 큰 틀에서 감
을 잡을 수는 있습니다. 불교가 해탈·열반을 지향하

고 법을 중심으로 한다면, 지혜란 것은 '법을 아는 것'이라고 감 잡을 수 있습니다. 지혜가 따로 있는 게 아니라 해탈·열반으로 인도하는 법을 제대로 아는 것입니다. 사바세계에는 물리화학적 지식이나 정치경제학적 지식처럼 자연과 사회를 알고 이용하는 앎이 있지만, 불교의 지혜는 해탈·열반과 관계를 맺고서 해탈·열반으로 이끄는 앎입니다.

보통 서양에서는 육체와 정신, 영혼과 육신의 이분법으로 이해합니다. 그런데 불교에서는 그런 이분법도 식識의 작용으로 생각하기에 일단 경계합니다. 십이연기에서는 식識과 명名과 색色의 세 가지로 설명하고, 인간을 구성하는 것도 오취온五取蘊의 다섯 가지로 설명합니다. '몸과 마음'이라고 하는 이분법적 사유는 그 자체가 대강 맞으니까 그동안 인류에게 통용되어 왔지만 실지로는 애매모호하고 지혜를 개발하는 데 방해가 될 수 있습니다. 그래서 영과 육으로만 얘기할 게 아니라, 적어도 식과 명과 색 정도로는 구별해야 합니다.

불교에서는 이분법적인 사고를 넘어 다양한 요소의 인과 과정으로 설명할 뿐만 아니라, 그 한 요소인 식도 다양한 지혜의 한 단계로 설명합니다. 안다고 하는 것은 지혜의 기본이지요. 그 앎도 여러 종류와 단계가 있습니다.

식은 지혜 중에서도 가장 하열下劣한 지혜라 하겠습니다. 생각이라는 것은 하열한 식識과 그 파생인 명名이 수행하는 정신적 기능입니다. 사유라고 부르는 것도 생각의 일종이지요. 철학적 사유나 과학적 지식도 생각이 체계화된 정도라고 볼 수 있습니다. 그런데 사유보다 더 넓고 높은 세계가 실제로 있고, 그 세계로 진입해 들어가는 것이 불교 수행의 목표입니다.

'산냐〔想〕'는 명색의 명 단계9에 해당합니다. 산냐는 우리가 듣고 배워서 아는 지식입니다. 어떤 문화 전통에서 태어나 가정교육, 학교교육, 사회교육 등 문화적 학습을 함으로써 어떤 지배적 통념들이 뇌리를 조직하고 지배하는 것, 이것이 산냐입니다. 우리는 '내가 생각한다.'라고 하지만, 사실은 그 사회의 교육에 따라 내가 입수한 통념들이 자기들 습관대로, 자기들 논리대로 활동하고 있는 것입니다. '내가 생각하는' 것이라면 왜 내 생각이 자꾸 변하겠어요? 왜 어제 생각이 오늘 바뀌겠어요? 정말 '내가 생각하는' 것일까요?

생각은 인지 능력의 한 차원이고 그것도 낮은 차원이에요. 이 낮은 차원의 지적 기능을 뒷받침하는 일차적인 것이 산냐이고, 이보다 더 크고 더 근원적인 수준에서 작동하는 것이 식입니다. 산냐가 공동체적으로 공유하고 있는 상식 같은 것들이라면, 식은 자아의식, '나'의 의식과 통하는 잠재적 지식입니다.

이런 낮은 인식 수준들이 있는 반면, 반야*pañña*도 있습니다. 반야는 '지혜', '혜'라고 번역합니다. 반야는 사물을 있는 그대로 봅니다. 자아나 나를 개입시키지 않아서 자기중심으로 보지 않고, 있는 그대로 사물을 보는 것입니다.

반야도 여러 수준이 있습니다. 우리가 명상과 자기

성숙을 이루어가면 있는 그대로 보는 데서 더 나아가 '아빈냐abhiññā'라고 하는 보통보다 놀라운 지혜의 세계가 열립니다. 보통은 '신통력'이라고 번역하지요. 아빈냐의 세계에서 더 나아가면 '빠린냐pariññā'라는 세계가 있어요. 이른바 '확철廓徹한다'는 것입니다. 거기서 더 나아가면 마침내 진리를 보는 '안냐aññā'의 경계가 있습니다. 안냐에 이르면 마침내는 관념이 아닌 진리를 그대로 아는 단계에 도달합니다. 이런 인식 수준은 식과 상의 흐름인 생각과는 거리가 아주 멀겠지요.

이처럼 지혜는 그 수준이 다양합니다. 곤충의 지혜, 하루살이의 지혜로부터 인간의 지혜, 그리고 천상의 지혜를 넘어 부처님의 지혜에 이르기까지 다양합니다. 그만큼 식도 다양한 차이가 있습니다. 그러니까 식이 지혜와 반대인 것만은 아닙니다. 식은 지혜의 일종입니다. 식에도 지혜식이 있으니까요. 하지만 우리가 식이라는 말을 쓸 때에는 주로 어떤 범주와 영역 안에서의 알음알이 놀음을 말합니다. 식과 지혜는 연속성을

44

갖지만 그 속에서도 식이 지배하고 있는 어떤 영역이 있다는 것입니다.

이렇게 보면 식은 가장 낮은 지혜 종자라 하겠습니다. 식은 윈냐아나로서 '쪼개고 분리하는 앎'이지만, 윈냐아나도 냐아나*ñāṇa*인 한, 앎의 한 단계 또는 한 수준입니다. 그런 의미에서 식도 지혜의 권속입니다. 식과 혜는 분리된 것이 아니라 상통하는 것이므로,[10] 우리는 식으로부터 혜로 나아갈 수 있습니다. 바로 이 점에서 지식을 멈추고 지혜로 나아가는 불교적 접근의 독특한 성격이 있습니다.

어떤 제자가 부처님께 '혜와 식이 어떻게 다릅니까?' 하고 여쭈었어요. 그러니까 부처님은 '식과 혜는 같다.'고 하십니다. 지식과 지혜가 같다는 말씀입니다. 그런데 둘의 차이점이 있다면 뭐냐? 식은 철저히 이해하여 될 수 있으면 줄여야 하고, 혜는 많이 닦아 가능한 한 늘려야 합니다.[11] 이 뜻을 깊이 생각해야 합니다. 식은 늘면 늘수록 우리를 윤회에 단단히 끌어매는 기능을 하므로 줄여야 하고, 혜는 늘면 늘수록 우리를 윤회로 부터 벗어나게 하니까 늘려야 합니다. 그러나 무엇인 가를 안다는 기능에서는 같다는 것입니다.

식은 만사를 나와 남, 나의 것과 남의 것으로 분별 합니다. 그러니 식이 늘면 늘수록 나에 대한 집착이 강해지고, 아집이 강해지면 이기심과 자기중심적 생각 에 빠지게 됩니다. 자기중심적인 생각을 하는 사람이 어떻게 해탈할 수 있겠습니까. 존재로부터의 해탈은커 녕 윤회를 더 강화시키겠지요. 그래서 식을 멸하는 길 이 해탈을 성취하는 길이 되는 것입니다.

식은 세계를 구성하면서 우리를 윤회에 붙들어 매는 주범입니다. 그런데 그 형체를 잡을 수도 파악할 수도 없기에 식을 없애고 싶은데도 없앨 길이 없어요. 그래 서 많은 사람들이 해탈을 생각하면서도 잘못된 길에 빠져들곤 합니다. 그러나 참으로 고맙게도 부처님은 팔정도와 연기법에서 식을 멸하고 혜로 들어가는 길을 열어 보이십니다.

식을 넘어 지혜로

식을 유보하고 멈추는 길은 우선 십이연기에서 제시되고 있습니다. 십이연기는 문제가 일어나는 원인을 제시하는 것만이 아니라, 그 문제를 멈추는 답까지 제시하고 있습니다. 여러분은 십이연기의 순관順觀과 역관逆觀을 아실 겁니다. 경에는 '십이연기의 순관은 사성제의 집성제요, 역관은 사성제의 멸성제다.'[12] 하는 말씀이 있습니다. 멸성제는 우리의 실천 목표이고, 그 목표를 성취하는 구체적인 길이 도성제로서 팔정도입니다. 따라서 십이연기는 문제의 제기뿐만 아니라 문제의 해결도 담고 있습니다. '행行이 없으려면 무명無明이 없어야 한다.' 이렇게 선행 조건을 없앰으로써 그 결과를 멈추는 것입니다.

십이연기의 역관은 '이것이 없으면 저것이 없다.'의 구조로 되어 있습니다. 즉 '무명이 없으면 행이 없고, 행이 없으면 식이 없다.' 이렇게 나가다가 '생이 없으

면 노, 사가 없다.'에 이릅니다. 뒤집어서 이야기하자
면 '늙고 죽음이 없으려면 생이 없어야 한다.', '생이
없으려면 유가 없어야 하고, 유가 없으려면 취가 없어
야 하고, 취가 없으려면 애가 없어야 하고, 애가 없으
려면 수가 없어야 하고, 수가 없으려면 촉이 없어야
하고, 촉이 없으려면 육입이 없어야 하고, 육입이 없
으려면 명색이 없어야 하고, 명색이 없으려면 식이 없
어야 하고, 식이 없으려면 행이 없어야 하고, 행이 없
으려면 무명이 없어야 한다.' 이렇게 선행 조건을 없앰
으로써 그 결과를 멈추는 것입니다.[13]

오늘의 주제와 관련해서 볼 때에는 십이연기의 역관
에서 핵심은 식이 없어야 한다는 것입니다. 무슨 말이
냐? 식을 없앤다면 알음알이를 없애야 한다는 말이 되
는데, 그러면 생각도 안 해야 하는가? 일체의 사유 활
동을 정지해야 하는가? 그건 백치상태가 아닌가? 그
게 어째서 무명無明을 없애고 명明을 가져오는가?

식은 종적으로 짚어보면 십이연기에 속하지만, 딱 끊어서 횡적으로 파악하면 오온五蘊에 속합니다. 인간 존재를 구성하는 다섯 무더기, 색·수·상·행·식을 오온이라고 하지요. 온蘊은 쌓임, 축적됨이라는 뜻이니까, 존재는 이 다섯 무리가 같이 뭉쳐 움직이는 것이지요. 그러면 그 다섯 무더기 각각은 독립 단위냐? 식도 한 단위가 아니라 식온識蘊입니다. 켜켜이 아주 두툼하고 다양하게 쌓인 것이 온입니다. 그러니까 식도 권속이 많아요. 본래 오온이 우리에게 존재하는 형태는 오취온五取蘊이지요. 집착의 덩어리들로써 굳을 대로 굳어져 같이 움직인다는 것이지요. 그렇게 집착으로 굳어진 다섯 덩어리들의 인식작용으로써 어떻게 진리에 접근할 수 있겠어요? 전부 집착놀음일 뿐입니다.

그래서 식을 버리라고 한 것입니다.14 그런데 식을 버리면 앎이 전혀 없는 무지인가? 식을 버리면 컴컴한 무지 상태로 돌아가는 게 아니라 식을 넘어선 지혜 단계로 들어갑니다. 앞서 언급했듯이 식은 분명히 지혜의 권속이기 때문입니다. 식을 통해서 우리는 이 세계를 어느 정도는 알 수 있습니다. 둔탁하고 거칠고 조잡한 사바세계를 말입니다. 하지만 그것을 넘어서는 좀 더 미세하고 진리에 가까운 경지에 들어가면 식이 작동을 못 합니다. 미세한 세계에 들이대기에는 이 식이라는 인식 잣대가 너무 거칠다는 말이지요. 그래서 식을 버리라고 한 것이지, 아예 앎의 활동을 정지하라는 뜻은 아닙니다. 식이 약화되면 잠재해 있던 지혜가 드러나 환해집니다. 결국 식을 없앤다는 것은 지혜를 향상시키는 것과 직결됩니다. 식에 의존하던 단계에서 지혜를 활용하는 단계로 나아간다는 이야기입니다.

그런데 식을 어떻게 없애느냐? 참으로 어려운 일이지요. 부처님은 고苦가 없으려면 우선 생生이 없어야 한다고 하십니다. 생이 없어? 내가 이미 태어났는데 생을 없앨 수는 없지요. 지금 직접 실천할 수 없어요. 하지만 다음번에 또 일어날 생의 인因은 없앨 수 있다는 말입니다. 마찬가지로 생은 유有가 있기 때문에 생

기니까, 유가 없으면 생이 없겠지요. 그런데 유도 지금 당장 없앨 수는 없지만 다음 유를 만들지 않을 수는 있다는 것입니다.

부처님은 말씀하십니다. "유를 없애려면 취取를 없애야 된다." 이 점이 실천적으로 중요한 대목입니다. 집착이 없어야지요. 오취온이야말로 취의 극성한 형태인데 어떻게 없애는가? 우선 가닥을 잡아서 그 왕성한 불길을 좀 끄고 진정시켜라. 그렇다고 금방 다 없어지지는 않지만, 일단 성하게 타고 있는 그 불길을 좀 잡아라. 어떻게 잡는가? '계행을 하라. 살생하지 마라.' 생명이 무엇입니까? 이 세상 에너지 중에 어떤 에너지가 제일 강할까요? 이 세상의 집착과 집념 중에서 살겠다는 집념보다 더 강한 것이 있겠습니까. 미물까지도 살겠다는 집착은 굉장히 강하지요. 이것을 탁 끊는 게 살생입니다. 그렇게 강한 집착을 남으로부터 차단당했으니 그 반발과 저항이 얼마나 강하겠습니까. 그 반발과 저항을 무수하게 야기하고 되받고 앉아서 편안

51

해지겠다고요? 이건 안 된다 이 말입니다. 사람의 경우는 말할 것도 없고, 미물일지언정 살겠다는 집착은 다 무섭게 가지고 있는데, 그것을 그냥 끊어놓으면 되돌아오는 저주와 저항은 얼마나 강하겠습니까. 그걸 무수히 일으켜놓고 내가 어떻게 편하게 살겠습니까? 어떻게 수행을 하겠어요? 안 될 말이지요. 그러니 살생하지 말라는 것입니다.

이런 식으로 부처님이 사실은 아주 현실적으로 말씀하신 겁니다. 살생하지 말라. 거짓말하지 말라. 남의 아내 건드리지 말라. 도적질하지 말라. 그런 짓해서 무슨 평안이 있고 무슨 공부의 여건이 되겠어요? 살겠다는 것 다음으로 내 것 지키겠다는 집념이 강한데, 내 재산이든 내 배우자든 내 자식이든 지키겠다는 것인데, 그걸 교란시켜 짓밟아 저항을 불러일으켜 놓고 내가 편해지겠습니까? 편안하게 공부를 할 수 있나요? 안 될 말이지요.

그러니 먼저 내 공부를 방해하는 요소를 좀 진정시

52

켜서 강한 저항을 일으키는 집착의 불길이라도 우선 잡으라는 것입니다. 불길을 잡고 나서 좌복에 턱 앉으면 전생부터 쌓아온 내 개성적個性的 집착들과 대면하게 되겠지요. '존재하겠다는 집착에서부터 아만을 내세우겠다는 집착, 남에게 지지 않고 남을 지배하고 싶은 집착, 이런 집착들을 잡아나가라.' 이렇게 집착을 버리는 것을 순서 있게 설해놓은 것이 팔정도입니다.

바른 길 따라 멈추기

팔정도八正道는 바른 길입니다. 식을 멈추려고 해도 바른 길에 따라 멈춰야 합니다.

우리는 식의 놀음 때문에 '이것이냐 저것이냐', '내 것이냐 남의 것이냐', '우리 편이냐 남의 편이냐', '이로우냐 해로우냐', '크냐 작으냐', '밝으냐 어두우냐'로 쪼개고, 그 쪼개진 정보로서 인식하는 놀음을 숙명적으로

면치 못합니다. 그 결과 인식을 지혜의 차원으로 정화
시키지 못하고 지식에서 맴돌고 맙니다. 그러니 끊임없
이 탐·진·치 삼독심을 일으키는 숙명성을 벗어나지
못합니다. 식과 상이 만드는 이 숙명성, 이제는 이것을
멈춰야겠는데, 그것도 올바르게 멈춰야겠다는 겁니다.

　보통의 경우 식은 모든 인식을 지배하고 느낌도 지
배하지요. 지금은 식이 100퍼센트겠지만 꾸준히 수행
을 해서 어느 단계에 이르면, 식이 그 전제적 횡포를
발휘하지 못하고 약해져요. 예컨대 식이 강하면 강할
수록 자·타自他가 둘이지요. 절대적으로 둘입니다. 그
러나 수행을 통해 식이 약해지면 자타의 차이가 좁혀
져서 마침내 식이 함몰하는 경계에 이르면 자타가 둘
이 아니고 그대로 일체가 됩니다. 나도 없고 상대도
없는 것이지요.

　그 경계를 차서적인 순리에 따라 바른 선정에서 경
험하면 지혜 향상의 계기가 되겠지요. 하지만 어떤 순
간적 경험에 의해 식이 깜빡할 때도 있습니다. 순간적

으로 식이 깜박하고, 다른 요소가 인식행위를 주관하는 경우가 있어요. 그럴 때도 자타의 분별이 약해져서 사이비 깨침을 얻는 수가 있습니다. 왜 이런 경우가 발생하느냐? 마음과 식은 하나면서 둘인데 서로 기능이 다릅니다. 마음이 평온하냐 아니냐와 자타가 하나 되고 둘이 되고 하는 것 사이에는 꼭 필연적인 관계가 없습니다. 그래서 마음이 평온하지 않아도 순간적으로 식이 약해지는 수가 있습니다.

이와는 달리, 우리가 추구하는 것은 올바른 선정입니다. 팔정도의 바른 집중〔正定〕이지요. 체계적으로 수행하면 마음이 평온해지고, 그 때문에 식이 약해집니다. 우뻬카upekkhā(平靜)가 확립되고 사띠sati(正念)가 바로 서서, 우뻬카(平靜)-사띠(正念)가 주욱 상승하는 단계가 되면 식이 발붙일 틈이 없습니다. 그때에 올바른 선정이 이루어지는 것이지요. 하나니 둘이니 하는 수의 여지가 사라지는 경계에서 하나임을 느낄 때, 그것은 올바른 향상의 단계이고, 여기서 식의 기능은 유보되는 것입니다.

그리고 식이 유보될수록 지혜가 향상하는 것입니다.

중도, 지혜로 나아가는 길

'팔정도만이 유일하게 해탈·열반을 성취하는 길이
다. 그런데 그 팔정도란 다름 아닌 중도다.'[15] 부처님
은 이렇게 말씀하셨습니다. 오늘 얘기와 관련시키면
팔정도의 중도로 식을 소멸할 수 있다는 겁니다.

제가 중도中道와 중용中庸의 차이에 대해서 가끔 말
씀드립니다만, 중용과 중도는 다릅니다. 이른바 서양
에서 말하는 황금 중간the golden mean이 바로 중용이
지요. 그 중간과 유교에서 말하는 중용은 거의 같다고
볼 수 있습니다. 중용은 과불급過不及이 없는 것입니
다. 즉 지나침도 못 미침도 아닌 상태입니다. 따라서
그것은 어떻게 보면 처세의 철학입니다. 그런데 불교
의 중도는 판연히 다릅니다. 불교에서 말하는 중도는

과불급을 피하는 정도가 아닙니다. 중도는 어떤 면에서는 훨씬 더 과격한 말입니다.

'거짓말하지 말'라는 가르침을 예로 들어봅시다. 불교에서는 처세에 융통성을 발휘해서 적당히 거짓말 안 하고, 필요하면 거짓말도 좀 하고 이런 식이 아닙니다. 거짓말은 철저히 안 하는 것입니다. 출가해서 목숨 걸고 공부하는 사람들이 남 눈치 볼 것도 없고, 세상하고 타협할 일도 없지 않습니까. 따라서 거짓말에 관해서라면 철저히 안 한다.[16] 오히려 그게 중도이지요. 그런데 왜 그게 중도인가? 중용과 유사하게 보면 중도를 이해할 수 없습니다.

수행을 할 때는 고苦와 낙樂의 양극단을 거부하는 것을 중도라고 합니다. 또 사유에 있어서는 유有와 무無의 양극단을 배제하는 것을 중도라고 합니다. 실천에서는 고와 낙을 배제하고, 사유에서는 유와 무를 배제한다는 것입니다. 수행을 할 때는 극단적 고행과 극단적 쾌락 모두를 배제하고,[17] 사유를 할 때는 '뭔가가

확실히 있다.' 혹은 '아니다, 확실히 없다.' 하는 극단
적 사고[18]를 배제한다는 것입니다. 있다 없다, 유와 무
로써 사고하는 것은 식의 놀음이지요. 식은 지혜가 가
려지고 막힌 상태라고 볼 때, 유무의 극단을 배제하는
것은 지혜로 나아가는 중도의 길입니다.

나아가 상想, 즉 산냐는 식 놀음을 이어받아서 대상
을 객체화시키고, 나로부터 소외시키고 대상화하면서
인식하고 사유하는 것입니다.[19] 이 산냐가 들어서서 우
리를 진리로부터 동떨어진 쪽으로 나아가도록 만듭니
다. 존재하지도 않는 온갖 것들을 상상하고 추상해서는
'있다'고 생각하게끔 만드는 기능 때문이지요. 산냐의
이 신기루 만들기 때문에 모든 극단이 벌어집니다.

팔정도의 중도는 산냐의 작용을 억제시킴으로써 산
냐를 중화시킵니다. 중도는 산냐의 활동을 억제함으로
써 식까지도 억제합니다. 그럼으로써 유무의 극단으로
세상을 보는 사고방식으로부터 벗어나 지혜의 길로 들
어갈 문을 여는 것입니다.

바른 목표로 향하는 출발, 바른 견해

중도는 팔정도이니 결국은 팔정도로 돌아가고, 그중에서도 맨 처음 항목인 바른 견해〔正見〕로 돌아갈 수밖에 없습니다. 바른 견해로 식과 상의 그릇된 견해를 넘어선다는 것입니다.

바른 견해는 모든 사물을 사성제 속에 자리를 매기고[20] 그 위치를 파악하라는 가르침입니다. 이 바른 견해를 가지고 바른 사유〔正思〕를 하라. 즉 부처님 법에 의해서 사유하라는 뜻입니다. '무턱대고 풀려고 덤벼들어 알음알이만 굴리고, 어떻게든 해결하겠다고 오기를 부리는 무모한 짓은 하지 말라. 사성제 속에서 파악해서 연기법에 따라서 사유하라.' 하는 뜻입니다. '연기를 보는 자는 법을 보는 자이고, 법을 보는 자는 연기를 보는 자이다.'[21]라고 부처님은 말씀하셨습니다.

처음의 바른 견해는 보잘것없겠지요. 겨우 부처님 말씀 몇 마디 들은 게 정견이겠지요. 그러나 그걸 밑

천으로 해서 바른 사유도 하고, 바른 말[正語]도 하고, 바른 행위[正業]도 하면서 올라가다 보면 어느덧 눈이 높아져 훨씬 높은 단계의 바른 견해에 이릅니다. 이렇게 나아가 마침내 확고부동한 불퇴전의 바른 견해에까지 이르면 예류과를 성취했다고 합니다. 확고부동한, 불퇴전의, 더 이상 물러설 수 없는 바른 견해에 서면 바로 예류과라고 부릅니다.

예류과는 무엇인가? '내가 있다.'는 유신견有身見이 사라지고, 부처님의 가르침에 대한 일체의 의심이 사라지고, 의례의식에 대한 집착이 사라지는 것입니다.22 이 세 가지 모두가 견해입니다. 첫째는 유신견, 즉 '내가 있다'는 생각입니다. 이것은 요새 말로 하자면 유물론이라 하겠습니다. 그리고 의례의식에 대한 집착, 즉 종교집전을 잘하고 의식을 잘 치르면 절대자가 해탈시켜준다는 견해입니다. 이건 종교주의입니다. 유신견, 의례의식에 대한 집착, 이런 게 유물론 아니면 유심론이겠지요. 이 모두가 사라지고 부처님 법에 대한 의심이 사라졌다면 바른 견해가 확립된 것입니다. '그 삿된 견해의 함정에서 벗어나니까 부처님 법에 대한 눈이 확고히 열린다, 바른 견해가 섰다, 이제는 불퇴전이다, 이제는 유물론이나 유심론에서 벗어났다.' 이것이 예류과의 소식입니다.

예류과 단계에 이르면 이후 여덟 번째의 생은 받지 않는다고[23] 부처님이 말씀하셨습니다. 이보다 더 구체적이고 확실한 가르침이 어디 있겠습니까. 이런 부처님 법 만난 것에 감사하고 지족知足하면서, 금생에 태어나지 않은 셈 치고 법 하나라도 더 알도록 노력하면 아무 여한이 없겠지요. 뭘 더 하겠어요. 죽을 때도 그런 마음으로 죽으면 다음 생에도 그런 마음으로 태어나겠지요. 금생에 부처님 법을 알고 불퇴전을 이루려고 그렇게 오매불망 마음을 쏟았는데, 다음 생에 어떻게 그게 사라지겠어요? 이것은 근거가 있는 이야기입니다. 생각해보세요. 서울로 가는데 그 길에 대한 올바른 견해만 딱 확립됐다고 하면, 천 리가 되든 만 리가 되든 한 걸음 두 걸음씩 해서 서울로 가게 될 것은 분명하지요. 중요한 것은 목표설정과, 그 목표설정의 필연성과, 거기에 대한 올바른 각오이지요. 그것이 바른 견해입니다.

상식과 편견에서 벗어나 바른 견해를 갖는 것은 바른 목표로 향하는 출발입니다. 종교적 편견, 철학적 편견, 사상적 편견, 이데올로기적 편견, 나아가 과학적 지식의 한계를 넘어서서 법에 대한 바른 견해가 확립되었다면 그다음에는 실천의 도정만 남습니다.

그 도정은 업장의 두께에 따라서 어떤 사람은 좀 길게 씨름해야 하고 어떤 사람은 손쉽게 넘어설 수도 있겠지요. 그건 사람마다 차이가 있겠지만, 부처님께서는 일곱 생 내에 끝난다고 못 박으셨습니다. 그렇게 말씀하시는 이유도 바른 견해의 중요성을 확신하셨기 때문에 강조하신 겁니다. '각자의 업장에 따라 다르다, 그러나 일단 올바른 견해가 선 이상에는 모든 상식과 편견을 넘어서 바로 보는 시선만은 부동不動이다, 이제

흔들림은 없다. 그러니 그 사람이 해탈하는 것은 시간 문제 아니겠느냐' 하는 말씀입니다.

그래서 우리가 팔정도에서 바른 견해를 그렇게 중시하는 것입니다. 보세요. 유신견도 견해지요? 부처님에 대한 의심도 견해지요? 의례의식에 대한 집착도 견해지요? 그런 견해에서 벗어나 단지 신심에 의해서가 아니라 자기 스스로 증명하고 확인해서 견해의 불안정과 흔들림과 방황을 정리하고 확고부동한 바른 견해에 의해 삶의 방향이 설정되었을 때, 그 다음에 남는 것은 다만 업장의 방해뿐이니 언젠가는 결국 이루고 맙니다. 따라서 올바른 견해만 확립되면 해탈은 시간문제입니다. 팔정도의 완성 역시 시간문제라 하겠습니다.

우리나라 사람들은 성급해서 이 구도의 길마저 서둘러서 날치기하려고 합니다. 구도의 길은 그렇게 되지 않습니다. 여러분은 금생에 과욕부리지 말고 겸허한 마음으로 결심하십시오. '금생에 바른 견해만 확립해서, 다음 생에 정법을 몰라서 또 무명에서 방황하는 신세가 되지 않겠다.' 하는 간절하고도 절실한 원력 하나만을 굳히십시오. 금생에 삿된 견해들을 분별해서 그 삿됨을 알고, 불완전한 법을 보고 그 불완전함을 알고, 무엇이 옳은지 무엇이 그른지를 판별하는 기본적 판단 능력을 갖추겠다는 원력을 가지십시오.

이 복잡다단하고 급변하는 과도기적 상황에는 온갖 지식들이 난무하고 있습니다. 식 놀음의 어지러운 무대가 이 시대의 모습입니다. 여러분은 금생에 바른 견해를 바로 세우는 데만 노력하십시오. 그래서 더 이상 미혹되지 말고, 더 이상 흔들리지 말고, 더 이상 남의 눈치 보며 대세에 추종해서 줏대 없이 물결에 떠돌지 말고, 지혜 향상의 길24을 성큼 나아가길 간곡히 바랍니다. ❀

주석

1 십이연기의 항목들은 고를 일으키는 조건들이므로 그
들 모두가 소멸되어야 고가 사라진다. 윈냐아나viññāṇa
識도 그 조건들 중 하나이므로 연기의 멸에서 당연히
소멸되어야 한다고 표현된다.

yaṁ kiñci dukkhaṁ sambhoti sabbaṁ viññāṇapaccayā

viññāṇassa nirodhena natthi dukkhassa sambhavo

etam ādīnavaṁ ñatvā dukkhaṁ viññāṇapaccayā

viññāṇūpasamā bhikkhu nicchāto parinibbuto ti

(Sn. v.734~5)

그러나 경에서 viññāṇa는 매우 조심스럽게 다뤄지고 있다.
부처님은 viññāṇa 또한 의존하여 일어난 것이고 조건이 없
이는 viññāṇa의 생겨남도 없다(paṭiccasamuppannaṁ
viññāṇaṁ vuttaṁ bhagavatā aññatra paccayā natthi
viññāṇassa sambhavo ti (M I 257))고 말씀하고 계시다.
또한 《중부》〈Mahāvedalla경〉에서 사리불 존자는 빤냐

65

paññā 般若가 viññāṇa와 합쳐지고 이들 둘의 다름을 구
별할 수 없다, 단지 다름이 있다면 paññā는 계발(발전)
되어야 하고 viññāṇa는 철저히 이해되어야 한다는 것
이 다른 점이라고 표현하고 있다.

yā cāvuso paññā yañca viññāṇaṁ ime dhammā
saṁsaṭṭhā no visaṁsaṭṭhā na ca labbhā imesaṁ
dhammānaṁ vinibbhujitvā vinibbhujitvā nānākaraṇaṁ
paññāpetuṁ yaṁ hāvuso pajānāti taṁ vijānāti yaṁ
vijānāti taṁ pajānāti tasmā ime dhammā saṁsaṭṭhā no
visaṁsaṭṭhā na ca labbhā imesaṁ dhammānaṁ vin-
ibbhujitvā vinibbhujitvā nānākaraṇaṁ paññāpetunti yā
cāvuso paññā yañca viññāṇaṁ

imesaṁ dhammānaṁ saṁsaṭṭhānaṁ no visaṁsaṭṭhānaṁ
kiṁ nānākaraṇanti yā cāvuso paññā yañca viññāṇaṁ
imesaṁ dhammānaṁ saṁsaṭṭhānaṁ no visaṁsaṭṭhānaṁ
paññā bhāvetabbā viññāṇaṁ pariññeyyaṁ idaṁ nesaṁ
nānākaraṇanti. (M I 292)

2 dvayatānupassanā-sutta. 〈이원성 수관(觀하기) 경〉이라
고 옮길 수도 있다.

3 Anattani attamānaṁ passa lokaṁ sadevakaṁ ni-
viṭṭhaṁ nāmarūpasmiṁ: idaṁ saccan ti maññati. (Sn.
v.756)

Yena yena hi maññanti tato taṁ hoti aññathā, taṁ hi
tassa musā hoti mosadhammaṁ hi ittaraṁ. (Sn. v.757)

Amosadhammaṁ nibbānaṁ, tad ariyā saccato vidū, te
ve saccābhisamayā nicchātā parinibhutā ti. (Sn. v.758)

4 ambilam pi vijānāti tittakam pi vijānāti kaṭukam pi
vijānāti madhukam pi vijānāti khārikam pi vijānāti
akhārikam pi vijānāti loṇakam pi vijānāti aloṇakam pi
vijānāti vijānātīti kho bhikkhave tasmā viññāṇan ti
vuccati. (S III 87)

시고 쓰고 맵고 단 것 … 을 감지한다고 해서 식이라고
한다.

5 nīlam pi sañjānāti pītakam pi sañjānāti lohitakam pi

sañjānāti odātam pi sañjānāti sañjānātīti kho bhikkhave tasmā saññā ti vuccati. (S III 87)

nīlakampi sañjānāti pītakampi sañjānāti lohitakampi sañjānāti odātampi sañjānāti. sañjānāti sañjānātīti kho āvuso tasmā saññā ti vuccatīti. (M I 293)

푸른색, 노란색, 붉은색, 흰색을 지각한다고 해서 상이라고 한다.

6 촉이 있을 때 수가 있다. 촉을 조건으로 수가 있다.
phasse kho sati vedanā hoti phassapaccayā vedanā ti. (S II 6)

7 Dhātusaṁyutta에 따르면 saññā는 phassa보다 먼저 일어난다(dhātunānattam bhikkhave paṭicca uppajjati saññānānattam saññānānattam paṭicca uppajjati saṅkappanānattaṁ phassa/ vedanā/ chanda/ pariḷāha/ pariyesanānānattam paṭicca uppajjati lābhanānattaṁ (S II 147~8))고 한다. 이것의 깊은 이해는 dhātu의 분석으로 접근해야 할 것이다.

8 yaṁ vedeti taṁ sañjānāti yaṁ sañjānāti taṁ vijānāti

  tasmā ime dhammā saṁsaṭṭhā no visaṁsaṭṭhā (M I 293)

  '느끼는 것을 지각하고 지각하는 것을 인식(자각)한다.
  이것들(수·상·식)은 이와 같이 상통한다'고 《중부》에
  표현되고 있다.

9 명名 nāma은 수受, 상想, 의도, 촉觸, 주의 기울임[作
  意]'을 일컫는다. (M I 53)

10 yā cāvuso paññā yañca viññāṇaṁ ime dhammā

   saṁsaṭṭhā no visaṁsaṭṭhā. (M I 292)

11 조금 다른 표현으로 중부 경에 'paññā는 계발되어야
   하고 viññāṇa는 철저히 이해되어야 한다'가 있다. paññā
   bhāvetabbā viññāṇaṁ pariññeyyaṁ. (M I 292~3)

12 nidānasaṁyuttam 참조.

13 이것이 있을 때 (이것을 조건으로) 이것이 있고, 이
   것이 없을 때 이것이 없다 (이것의 멸로 인하여 이것이
   멸한다). nidānasaṁyuttam (S II 5~9)

14 오온(색·수·상·행·식)이 너희 것이 아니니 그것을

버려라! 그것을 버리면 오랫동안 유익하고 행복할 것이다. rūpaṁ ··· vedanā ··· saññā ··· saṅkhārā ··· viññāṇaṁ bhikkhave na tumhākaṁ taṁ pajahatha taṁ vo pahīnaṁ dīgharattaṁ hitāya sukhāya bhavissati. (M I 14) 여기서는 오온을 버리라는 뜻이기 보다는 (오온을 자기 것으로 집착하는) 오온에 대한 취착upādāna을 버리라는 의미로 이해된다.

15 팔정도가 곧 중도이다. 중도는 눈을 뜨게 만들고, 열반에 이르는 길이다. ayameva ariyo aṭṭhaṅgiko maggo seyyathīdaṁ sammādiṭṭhi sammāsaṅkappo sammāvācā sammākammanto sammāājīvo sammāvāyāmo sammāsati sammāsamādhi ayaṁ kho sā āvuso majjhimā paṭipadā cakkhukaraṇī nibbānāya saṁvattati. (M I 15)

16 바른 말〔正語〕은 잘못된 언행으로부터 완전히 멀어져 하지 않음이다. vacīduccaritehi ārati virati paṭivirati veramaṇī ayaṁ bhikkhave sammāvācā. (M III 74)

17 양극단 - 극단적 고행attakilamathānuyoga (자신을

70

피로하게 하는 일에 전념함)과 극단적 쾌락kāmasukha (감각적 행복을 좇음). 극단적 쾌락은 천하고 성스럽지 못한 범부의 것이고, 극단적 고행은 고통스럽고 목적에 부합하지 않기에 이들 둘 다 바르지 않다.

na kāmasukham anuyuñjeyya hīnaṁ gammaṁ po-thujjanikaṁ anariyaṁ anatthasaṁhitaṁ, na ca attakila-mathānuyogaṁ anuyuñjeyya dukkhaṁ anariyaṁ anat-thasaṁhitaṁ, ete te ubho ante anupagamma majjhimā paṭipadā. (M III 230)

18 예를 들면 '나의 자아가 있다, 혹은 나의 자아가 없다'는 견해. atthi me attā ti vāssa saccato thetato diṭṭhi uppajjati natthi me attā ti vāssa saccato thetato diṭṭhi uppajjati. (M I 8)

19 saññā를 통해서 (잘못된) 견해가 일어난다고 표현되기도 한다: '자신에 의해 자신을 인식한다'면서 진실하고 확고한 견해가 그에게 일어난다. attanā va attānaṁ sañjānāmīti vāssa saccato thetato diṭṭhi uppajjati. (M I 8)

20 (어떤 생물이든 걸어다니는 모든 생물의 발자국은 코끼
리 발자국 안에 들어가듯이) 어떤 선법이든 선법은 모두
사성제 안에 포함된다. ye keci kusalā dhammā sabbe
te catusu ariyasaccesu saṅgahaṁ gacchanti. (M I 184)

21 yo paṭiccasamuppādaṁ passati so dhammaṁ passa-
ti/ yo dhammaṁ passati so paṭiccasamuppādaṁ pas-
satīti. (M I 191)

22 '바르게 봄'을 구족하면 세 가지 불선한 법, 유신견,
(법에 대한) 의심, 의례의식에 대한 집착이 버려진다.
sahā vassa dassanasampadāya tayas su dhammā jahitā
bhavanti sakkāyadiṭṭhi vicikicchitañ ca sīlabbataṁ vā
pi. (Sn. v.231)

23 깊은 지혜로 (부처님에 의해) 잘 설해진 성스러운 진리
를 잘 이해한 이들은 여덟 번째의 존재 상태를 받지 않는
다. ye ariyasaccāni vibhāvayanti gambhīrapaññena sude-
sitāni … na te bhavaṁ aṭṭhamaṁ ādiyanti. (Sn. v.230)

24 부처님에 의해 그릇된 길은 닫히고, 꾀어냄(유인, 유

혹)은 제거되고, 가짜(모조)는 파괴되었다. 행복으로 가는 안전한 길이 다시 열렸다. 깊은 동정심으로 제자들의 이익을 위해 스승에 의해 되어야 할 일들은 되어졌다. 나무 밑이나 빈집들이 있다. 비구들이여 방일하지 말고 전념하라, 나중에 후회하는 자들이 되지 말라! 이것이 우리(부처님)들이 너희에게 주는 가르침이다.

iti kho bhikkhave vivaṭo mayā khemo maggo sovatthiko pītigamanīyo pihito kummaggo ūhato okacaro nāsitā okacārikā yaṁ bhikkhave satthārā karaṇīyaṁ sāvakānaṁ hitesinā anukampakena anukampaṁ upādāya kataṁ vo taṁ mayā etāni bhikkhave rukkhamūlāni etāni suññāgārāni jhāyatha bhikkhave mā pamādattha mā pacchā vippaṭisārino ahuvattha ayaṁ vo amhākaṁ anusāsanī ti. (M I 118)

말한이 **활성 스님**

1938년 출생. 1975년 통도사 경봉 스님 문하에 출가. 통도사 극락암 아란야, 해인사, 봉암사, 태백산 동암, 축서사 등지에서 수행 정진. 현재 지리산 토굴에서 정진 중. 〈고요한소리〉 회주

엮은이 **김용호**

1957년 출생. 전 성공회대학교 문화대학원 교수(문화비평, 문화철학). 〈고요한소리〉 이사.

〈고요한소리〉는

●   근본불교 대장경인 빠알리 경전을 우리말로 옮기는 불사를 감당하고자 발원한 모임으로, 먼저 스리랑카의 불자출판협회 BPS에서 간행한 훌륭한 불서 및 논문들을 국내에 번역 소개하고 있습니다.

●   이 작은 책자는 근본불교·불교철학·심리학·수행법 등 실생활과 연관된 다양한 분야의 문제를 다루는 연간물連刊物입니다. 이 책들은 실천불교의 진수로서, 불법을 가깝게 하려는 분이나 좀 더 깊이 수행해보고자 하는 분에게 많은 도움이 될 것입니다.

●   이 책의 출판 비용은 뜻을 같이 하는 회원들이 보내주시는 회비로 충당되며, 판매 비용은 전액 빠알리 경전의 역경과 그 준비 사업을 위한 기금으로 적립됩니다. 출판 비용과 기금 조성에 도움주신 회원님들께 감사드리며 〈고요한소리〉 모임에 새로이 동참하실 회원을 기다리고 있습니다.

●   〈고요한소리〉 책 읽기와 듣기는 리디북스RIDIBOOKS와 유나방송에서 만나볼 수 있습니다.

- 〈고요한소리〉 회원으로 가입하시려면,
  이름, 전화번호, 우편물 받을 주소, e-mail 주소를 〈고요한소리〉 서울 사무실에 알려주십시오.
  (전화: 02-739-6328, 02-725-3408)
- 회원에게는 〈고요한소리〉에서 출간하는 도서를 보내드리고, 법회나 모임·행사 등 활동 소식을 전해드립니다.
- 회비, 후원금, 책값 등을 보내실 계좌는 아래와 같습니다.

        국민은행 006-01-0689-346
        우리은행 004-007718-01-001
        농협   032-01-175056
        우체국   010579-01-002831
        예금주   (사)고요한소리

마음을 맑게 하는 〈고요한소리〉 도서

보리수잎 시리즈

단행본

붓다의 말씀

이 도서의 국립중앙도서관 출판예정도서목록(CIP)은
서지정보유통지원시스템 홈페이지(http://seoji.nl.go.kr)와
국가자료공동목록시스템(http://www.nl.go.kr/kolisnet)에서
이용하실 수 있습니다. (CIP제어번호 : CIP2016009322)

소리·하나
지식과 지혜

초판 1쇄 발행 2015년 10월 30일
초판 5쇄 발행 2020년 4월 20일

말한이	활 성
엮은이	김용호
펴낸이	하주락·변영섭
펴낸곳	(사)고요한소리
등록번호	제1-879호 1989. 2. 18.
주소	서울시 종로구 인사동길 47-5 (우 03145)
연락처	전화 02-739-6328 팩스 02-723-9804
	부산지부 051-513-6650 대구지부 053-755-6035
홈페이지	www.calmvoice.org
이메일	calmvs@hanmail.net

ISBN   978-89-85186-80-3 02220

값 1000원